W0378906

Ernestine Fittkau

Bastelspaß mit Naturmaterial

CREATIV COMPACT

CHRISTOPHORUS

Inhalt

Natur entdecken!

Die Natur ist eine wahre Fundgrube für kleine und große Bastelfans: reich an bunten Blättern, Nüssen, Eicheln, Zapfen und Kastanien. Alles wartet nur darauf, gesammelt zu werden. Nahezu vor jeder Haustür, im nächsten Wäldchen oder in fast jedem noch so kleinen Garten kann man fündig werden.
Mit diesen Schätzen können Kinder prima basteln: Im Nu verwandeln sich kleine Holzscheiben mit Hagebutten, Blättern, Kastanien und Nüssen in lustige Waldkobolde. Aus Kiefernzapfen, Haselnüssen und Eichelhütchen werden witzige Zapfenkinder und aus getrockneten Blättern und Tonkarton lassen sich originelle Wichtel basteln. Ergänzt werden die Naturfundstücke mit Material, das Sie in der Küche, im Lebensmittelgeschäft oder auf dem Markt finden, z. B. mit Pfefferkörnern, Kürbissen und Erdnüssen. Dazu kommen Bastelpapiere und Filz. Im Vordergrund stehen jedoch immer die Naturmaterialien und daher gleicht auch kein Objekt dem anderen. Es sind unverwechselbare Unikate, die doppelte Freude bereiten, einmal beim Entdecken und Sammeln und das zweite Mal beim Basteln, Gestalten und Dekorieren.

Ich wünsche Ihnen und Ihren Kindern viel Spaß!

Ernestine Fittkau

Mit Naturmaterial basteln

Sammeln

Naturmaterialien umweltschonend sammeln, zum Beispiel keine Zweige oder Äste von einem lebenden Baum abreißen. Der Baum trägt eine Wunde davon, die sich mit Pilzen infizieren kann. Zweige sind auf dem Waldboden oder an gefällten Bäumen zu finden. Die meisten Früchte, Zapfen und Blätter fallen meist von allein ab und liegen auf dem Boden. Giftige sowie unter Naturschutz stehende Pflanzen dürfen nicht zum Basteln verwendet werden.

Trocknen und Pressen

Blätter einzeln zwischen saugfähiges Papier, z. B. Zeitungspapier, legen, in ein Buch einlegen und mit weiteren Büchern einige Tage beschweren. Beachten Sie, dass manche Blätter durch zu viel Druck ihre Farbe verlieren. Ungepresste Blätter wölben sich beim Trocknen. Vom Waldboden aufgelesene Zapfen sind meist feucht und sollten im Freien an der Sonne trocknen. Hagebutten, Fruchthüllen der Lampionblume, Kastanien und Nüsse ausbreiten und an der Luft trocknen.

Aufbewahren

Getrocknete Naturmaterialien in Schuhkartons aufbewahren, nicht in Plastiktüten, weil sie darin schimmeln. Aus dem gleichen Grund das Material ausgebreitet in die Kartons legen.

Kleben

Zum Zusammenkleben von Naturmaterialien eignet sich UHU Alleskleber Kraft. Schnelles Kleben gelingt mit der Niedertemperatur-Klebepistole LT 110 von UHU. Da sie mit einer niedrigeren Temperatur als eine Heißklebepistole arbeitet, kann sie unter Aufsicht auch von Kindern verwendet werden.

Vorlagenbogen

Hier sind abgebildet:

- Zeichnungen von Gesichtern, sie dienen als Orientungshilfe beim Aufmalen auf Nüsse usw.
- Vorlagen zu Motivteilen aus Papier und Filz. Auf Papier werden sie mit Kohlepapier durchgepaust. Bei Filz oder Mehrfachanfertigung empfiehlt es sich, erst eine Schablone herzustellen: Die Umrisse des Motivs auf Transparentpapier pausen, die Zeichnung mit einem Klebestift auf eine dünne Pappe kleben und ausschneiden. Die Schablone auf das Werkmaterial legen und ihre Umrisse mit Blei- oder Filzstift nachziehen.

Hilfsmittel

Bleistift, wasserfeste Filzstifte in Rot, Schwarz, Gelstifte in Rot, Weiß, Schwarz, Buntstift in Rot, Schere, Cutter, Locher, dicke spitze Nadel, Kraftkleber, Klebestift, Klebepistole, Klebefilm, Lineal, Kohlepapier, Transparentpapier, dünne Pappe.

Kleiner Naturführer

1 Fruchthülle der Edelkastanie **2** Samen der Rosskastanie **3** Stein des Walnussbaums **4** Frucht der Platane **5** Fruchtzäpfchen und Blütenkätzchen der Schwarzerle **6** Früchte des Blauglockenbaums **7** Früchte der Linde **8** Mohnkapsel **9** Früchte der Waldrebe **10** Kürbis- und Melonensamen **11** Douglasienzapfen **12** Fichtenzapfen **13** Schwarzkiefernzapfen **14** Bergkiefernzapfen **15** Lärchenzapfen **16** Zapfen der Zypresse **17** Fruchthülle der Buche (enthält „Bucheckern") **18** Feuerdornbeeren, je nach Sorte in Orange oder in Rot **19** Weidenröschen **20** Hagebutte, Frucht der Heckenrose **21** Fruchthülle der Haselnuss **22** Getrocknete Kelchblätter von Malven **23** Fruchthülle der Lampionblume **24** Schilfrispe **25** Bergahornblatt **26** Flügelfrüchte des Ahorns **27** Nigellakapsel **28** Spitzahornblätter **29** Purpur-Fächerahornblatt **30** Silberahorn **31** Eichenblatt **32** Sommerlindenblatt **33** Kirschbaumblatt **34** Essigbaumblätter **35** Ginkgoblatt

Blätterwichtel

Material

- Geprägter Tonkarton in Grün, Hellbraun
- Getrocknete und gepresste Blätter, z. B. von Hartriegel, Zaubernuss, Zierkirsche
- Hagebutten mit Stiel und Blättern
- Getrocknete Beeren mit Blättern, z. B. vom Weißdorn
- Eicheln und Eichelhütchen
- Rosskastanie
- Fruchthüllen der Lampionblume
- Nylonfaden

Vorlage A

1 Köpfe, Mütze bzw. Haare nach den Vorlagen aus Tonkarton ausschneiden und zusammenkleben. Beim linken Wichtel kurze, schmale Streifen aus grünem Tonkarton als Haare unter dem Mützenrand fixieren.

2 Die Gesichter mit Gel- oder Filzstiften aufmalen, die Nase entweder zeichnen oder geeignetes Naturmaterial aufkleben.

3 Die Körper aus Blättern gestalten, z. B. aus Blättern des Hartriegels und der Zaubernuss. Zierkirschenblätter bilden die Arme. Die Köpfe aus Tonkarton auf die Blätter kleben und die Wichtel mit Beeren, Blättern und Eichelhütchen ausgestalten.

4 Für die Aufhängung mit einer Nadel ein Loch in den Hut stechen und Nylonfaden durchziehen. Hagebutten, Fruchthüllen der Lampionblume und Eichelhütchen mit auffädeln und die Fadenenden verknoten.
Tipp: Am Fadenende eine Eichel oder kleine Rosskastanie befestigen und diese mit wieder ablösbaren Klebepads an der Fensterscheibe fixieren.

Kleine Papiertaschen

Material

- Papiertäschchen mit Henkel, 7,5 x 7,5 cm, oder farbiges Kopierpapier und Papierschnur
- Getrocknete Blätter, z. B. von Ahorn, Hartriegel
- Rosskastanien
- Kiefernzapfen
- Hagebutten

Vorlage B

Auf jede Papiertasche zuerst ein getrocknetes Herbstblatt, dann Naturmaterial wie Zapfen, Rosskastanien und Hagebutten aufkleben. *Tipp:* Die kleinen Taschen können mit älteren Kindern nach der Faltanleitung auf dem Vorlagebogen aus farbigem Kopierpapier auch selbst hergestellt werden.

Waldkobolde

Abbildung und Materialangaben Seite 10/11

1 Für jeden Kobold jeweils eine kleinere Baumscheibe (Kopf) mit der Klebepistole auf eine größere Baumscheibe (Körper) kleben und dabei der Abbildung entsprechend Blätter dazwischenlegen.

2 Haselnüsse, Kastanien oder Fruchthüllen der Lampionblume als Arme, Kastanien oder Walnusshälften als Füße ankleben. Beim Fixieren der Füße darauf achten, dass die Figur einen guten Stand hat und stehen kann.

3 Als Nase entweder eine Hagebutte, ein Eichelhütchen oder eine kleine Kastanie anbringen. Den Mund aus kleinen Blättern bilden oder aufmalen, dazu Acrylfarbe mit einem Zahnstocher auftragen. Die Augen mit Farbe auftupfen.

4 Hagebutten und Kastanien als Knöpfe, Eicheln als Halskette aufkleben.

5 Die Kopfbedeckungen aus Blättern, Eicheln, Kastanien, Fruchthüllen der Lampionblume, Erdnüssen, Hagebutten und Moos (siehe Hinweis links) gestalten.

Moos

Moose findet man in schattigen Felsschluchten, an Bächen und im Wald. Viele Moose stehen jedoch unter Naturschutz. Im Zweifelsfall bitte vor dem Sammeln beim Förster nachfragen oder Moose gleich im Blumenfachhandel kaufen.

Waldkobolde

Material

- Je 1 Baumscheibe für den Kopf, ca. 5,6 cm Ø, 1,8 – 2 cm stark
- Je 1 Baumscheibe für den Körper, ca. 7,4 cm Ø, 1,8 – 2 cm stark
- Fruchthüllen der Lampionblume
- Eicheln und Eichelhütchen
- Hagebutten mit Stiel
- Früchte wie Walnüsse, Haselnüsse, Erdnüsse, Esskastanien
- Getrocknete Blätter, z. B. von Zierkirsche, Hartriegel
- Moos (s. Seite 8)
- Acrylfarben in Rot, Schwarz
- Zahnstocher

Anleitung Seite 8

Große Zapfenwichtel

Material

- Je einen Fichten- oder Tannenzapfen, ca. 10 bis 13 cm lang, am Ansatz ca. 4 cm breit
- Je eine Holzkugel mit Bohrung, 35 mm Ø
- Eicheln und Eichelhütchen
- Bucheckern
- Getrocknete Beeren, z. B. vom Weißdorn
- Bastelfilz in Gelb, Orange, Rot, Grün
- Paketschnur
- Zackenschere

Vorlage C

1 Die Holzkugeln mit der Klebepistole auf den Zapfen fixieren und die Gesichter mit Gelstiften aufmalen.

2 Mit der Klebepistole Paketschnur als Aufhängung in die Bohrung der Holzkugel einkleben.

3 Für die Mützen Rechtecke aus Filz von ca. 13 x 6 cm zuschneiden, dabei beide Längskanten mit der Zackenschere nacharbeiten. Das Filzstück jeweils um die Holzkugel kleben (die Aufhängeschnur ragt oben heraus), hinten zusammenfügen und oben mit Paketschnur abbinden. Die Mützen mit Eichelhütchen, Bucheckern und Hagebutten verzieren.

4 Für die Arme 20 cm lange Paketschnur zwischen Kopf und Körper binden und am Zapfen punktuell festkleben. Mit der Klebepistole Eicheln oder Eichelhütchen als Hände an die Schnurenden kleben, die Hände am Zapfen fixieren.

5 Als Säckchen 3,5 x 3 cm große Filzstücke mit Paketschnur abbinden und den Wichteln mit einer Schlaufe an den Arm hängen. Filzstreifen von 20 x 2 cm an den Enden fein einschneiden und den Wichteln als Schals umbinden.

Gestecke

Material

Zapfenmädchen
- Kiefernzapfen, ca. 6 cm hoch
- Rohholzkugel, durchgebohrt, 35 mm Ø
- Getrocknete Beeren, z. B. vom Weißdorn
- Kleine Fruchthülle der Lampionblume
- Eichelhütchen
- Fruchthülle der Rosskastanie mit Stiel
- Moos (s. Seite 8)

Gestecke
- Je einen Zierkürbis, ca. 6 cm Ø
- Trockensteckmasse
- Getrocknete Blätter, z. B. vom Essigbaum
- Getrocknete Beeren, z. B. vom Weißdorn
- Früchte wie Eicheln, Erlenzäpfchen, Hagebutten, Bucheckern
- Früchte der Waldrebe
- Fruchthüllen der Lampionblume
- Zweige mit Flechten
- Schaschlikspieße
- Zahnstocher
- Scharfes Messer
- Kleiner scharfer Löffel

Vorlage D

Zapfenmädchen

1 Das Gesicht mit Gelstiften auf die Holzkugel malen und trocknen lassen.

2 Blätter rund um die Spitze des Zapfens zwischen die Schuppen kleben. Als Kopf die Holzkugel mit der Klebepistole auf dem Zapfen fixieren. Die Kopfbedeckung aus Moos und Naturmaterialien zusammenstellen und aufkleben.

Kürbisgestecke

1 Die Kürbisse am oberen Rand mit einem Messer abschneiden (nur Erwachsene!) und mit einem Löffel aushöhlen.

2 Trockensteckmasse in die ausgehöhlten Kürbisse einpassen und das ausgewählte Naturmaterial darin befestigen, eventuell mit der Klebepistole fixieren.

3 Die abgeschnittenen, ausgehöhlten Deckel jeweils mit einem Zahnstocher seitlich auf die gefüllten Kürbisse stecken. Soll das Gesteck als Namensschild dienen, ein Blatt mit wasserfestem Filzstift beschriften, das Blatt an einen Schaschlikspieß kleben und diesen einstecken.

Annina
Svea

Tischlichter

Material

- Rosskastanien
- Kiefernzapfen
- Hagebutten
- Eicheln und Eichelhütchen
- Getrocknete, gepresste Blätter, z. B. vom Hartriegel
- Getrocknete Beeren, z. B. vom Weißdorn
- Bastelfilz in Orange
- Teelichtgläser
- Stumpenkerzen in Orange, Rot

Vorlage E

Tischlicht hinten

Die Kastanien und Kiefernzapfen mit der Klebepistole zusammenkleben: Das Teelichtglas auf die Arbeitsfläche stellen, Kastanien und Kiefernzapfen rund um das Glas zu einem Ring kleben (nicht am Glas fixieren). Die Zwischenräume mit getrockneten Beeren auffüllen und ebenfalls mit der Klebepistole fixieren.

Tischlicht vorn

Die Blätter mit flüssigem Klebstoff am Glas befestigen, darauf mit der Klebepistole zwei Kiefernzapfen und getrocknete Beeren kleben. Für die Figur ein Gesicht mit Gelstift auf eine Eichel malen und die Eichel als Kopf auf einen der Kiefernzapfen kleben. Ein Eichelhütchen aufsetzen und einen Filzschal, 8 x 0,5 cm, umbinden.

Tipp

Wer viele Kastanien gesammelt hat und sie nicht alle gleich zum Basteln verwendet, kann sie problemlos in der Gefriertruhe aufbewahren. Sie lassen sich nach dem Auftauen wie frische Kastanien verwenden.

Material

- Geprägter Tonkarton in Orange oder Gelb
- Crinkle-Papier o. Ä. in Gelb, Orange
- Kleine Rosskastanien
- Fruchthüllen von Rosskastanien
- Früchte wie Erlenzäpfchen, Hagebutten
- Getrocknete Blätter eines Maiskolbens
- Getrocknete Beeren, z. B. vom Weißdorn
- Getrocknete Blätter, z. B. von Ahorn, Essigbaum
- Fruchthüllen der Lampionblume
- Moos (s. Seite 8)

Vorlagen F, G

Tipps

- *Naturpapiere wie Maulbeerbaumpapier, Strohseide, Bananenpapier oder Papiere mit einer strukturierten Oberfläche wie Moonrock- und Crinkle-Papier lassen sich mit Naturmaterial besonders schön kombinieren.*
- *Damit die Stacheln der Kastanienigel beim Basteln nicht piksen, sollte man die Hände mit guten Gartenhandschuhen schützen. Sie sind auch in Kindergrößen erhältlich.*

Pilz und Schnecke

1 Crinkle-Papier (siehe Tipp links) auf Tonkarton kleben, dabei das Format etwas größer als die Vorlagen wählen. Pilz und Schnecke nach den Vorlagen auf die Tonkartonseite übertragen und ausschneiden. Tipp: Variieren Sie das Motiv mit unterschiedlich großen Pilzen (siehe Vorlagen).

2 Den Pilzhut mit Rosskastanien und den Pilzfuß mit ausgewähltem Naturmaterial dekorieren.

3 Die Schnecke erhält zwei Fühler aus Maiskolbenblättern: Die Blätter (oder Streifen davon) an die Figurenrückseite kleben und an den Enden getrocknete Beeren fixieren.

4 Den Mund mit einem schwarzen Filzstift aufmalen. Als Auge eine getrocknete Beere, als Nase die Hülle einer Rosskastanie (siehe Tipp links) oder ein Erlenzäpfchen aufkleben. Den Körper mit drei großen Ahornblättern und ausgewähltem Naturmaterial ausgestalten.

Kürbisfeen

Abbildung und Materialangaben Seite 20/11

1 Die Gesichter mit Gelstiften auf die Holzkugeln malen und trocknen lassen.

2 Am oberen Rand der Kürbisse rundherum einen Kragen aus getrockneten Blättern ankleben. Die Holzkugeln mit der Klebepistole fixieren und der Abbildung entsprechend dekorieren, z. B. mit Fruchthüllen der Lampionblume, Hagebutten, Eicheln, Früchten der Waldrebe, getrockneten Weißdornbeeren und Fruchthüllen von Kastanien (siehe Tipp links).

Kürbisfeen

Material

- Je einen Zierkürbis, 6 bis 8 cm Ø
- Rohholzkugel, durchgebohrt, 30 mm Ø
- Rohholzkugel, durchgebohrt, 40 mm Ø
- Getrocknete Blätter, z. B. von Essigbaum, Zierkirsche, Blutpflaume
- Fruchthüllen der Lampionblume
- Eicheln und Eichelhütchen
- Hagebutten mit Blatt
- Getrocknete Beeren, z. B. vom Weißdorn
- Fruchthüllen von Rosskastanien
- Früchte der Waldrebe
- Moos (s. Seite 8)

Vorlage H

Anleitung Seite 18

Zwerge

Material

- Je eine Rohholzkugel, durchgebohrt, 25 mm Ø
- Je ein Kiefernzapfen
- Erlenzäpfchen
- Eicheln und Eichelhütchen
- Getrocknete Beeren, z. B. vom Weißdorn
- Bastelfilz in Gelb, Orange, Rot, Grün
- Paketschnur
- Zackenschere

Vorlage I

1 Die Gesichter mit Gelstiften auf die Holzkugeln malen und trocknen lassen. Die Kugeln mit der Klebepistole auf den Zapfen fixieren.

2 Die Mützen nach den Vorlagen aus Filz zuschneiden, den unteren Rand mit der Zackenschere nacharbeiten. Das Filzstück jeweils um die Holzkugel kleben und hinten zusammenfügen. Die orangefarbene Mütze oben mit Schnur abbinden. Beide Mützen mit Eicheln, Eichelhütchen und getrockneten Beeren verzieren.

3 Jedem Wichtel einen Filzschal, 13 x 0,8 cm, umbinden. Für die Aufhängung mit einer Stopfnadel Paketschnur durch die Zipfelmützen ziehen und die Enden verknoten.

4 Für das Säckchen Filz von 13 x 6,5 cm zuschneiden, die schmalen Seiten mit der Zackenschere nacharbeiten. Das Rechteck quer falten und die Seiten zusammenkleben. Das Säckchen mit Paketschnur zusammenbinden und mit Erlenzäpfchen und getrockneten Beeren dekorieren.

Marktfrau

Material

- Zierkürbis in Grün-Gelb, ca. 11,5 cm hoch, 12,5 cm Ø (Körper)
- Zierkürbis in Orange, ca. 10 cm Ø (Kopf)
- Früchte der Waldrebe
- Früchte wie Rosskastanien, Hagebutten, Erdnüsse, Eicheln mit Eichelhütchen
- Fruchthüllen von Rosskastanien
- Kiefernzapfen
- Kleine Zweige, eventuell mit Beeren, z. B. vom Weißdorn
- Getrocknete Blätter, z. B. von Ahorn, Zierkirsche, Hartriegel
- Bastelfilz in Gelb, ca. 30 x 2 cm
- Schaschlikspieße
- Vorstecher

Vorlage J

1 Den runden Kürbis als Kopf hochkant mit zwei bis drei Schaschlikspießen auf den größeren Kürbis stecken (s. Skizze auf dem Vorlagebogen), die Löcher dafür in beiden Kürbissen mit einem Vorstecher vorbohren. Die Kürbisse eventuell zusätzlich mit der Klebepistole fixieren.

2 Für die Arme mit dem Vorstecher Löcher an beiden Seiten des Körpers stechen und kleine Zweige einstecken.

3 Kastanien als Augen und ein Eichelhütchen als Nase fixieren. Ein kleines Blatt als Mund aufkleben, eventuell vorher in Form schneiden. Hagebutten bilden die Knöpfe. Für die Kopfbedeckung Blätter und Früchte ankleben.

4 Einen Filzstreifen, 30 x 4 cm, an den Enden fein einschneiden, um den Hals legen und übereinanderkleben.

Tipp

Zierkürbisse sind einjährige Pflanzen, die sich leicht auch im eigenen Garten heranziehen lassen. Die Aussaat ins Freiland kann ab Mitte Mai stattfinden. An einem geschützten, sonnigen Standort und bei nährstoffreichem Boden bewachsen die bis zu 5 m langen Kürbisranken in kurzer Zeit Gitter, Lauben und Zäune. Düngen und öfteres Gießen lässt die Pflanzen üppig wachsen. Die großen Blätter können auch als Sonnen- und Sichtschutz dienen. Die Kürbisse werden ab Ende August geerntet und als Dekoration verwendet. Zum Essen eignen sich die Früchte nicht.

Igel im Blätterwald

Material

- Geprägter Tonkarton in Hellbraun
- Getrocknete Blätter, z. B. vom Ahorn
- Getrocknete Beeren, z. B. vom Weißdorn
- Kleine Äste, möglichst mit Flechten
- Fichten- oder Tannenzapfen
- Früchte wie Rosskastanien, Eicheln, Hagebutten, kleine Äpfel
- Fruchthüllen von Bucheckern
- Pfefferkörner
- Nylonfaden oder Silberdraht
- Zackenschere
- Wieder ablösbare Klebepads, z. B. UHU patafix

Vorlage K

1 Für den Igelkörper zwei oder drei Ahornblätter aufeinanderkleben.

2 Den Kopf jeweils nach der Vorlage aus geprägtem Tonkarton schneiden, die Rundung mit der Zackenschere nacharbeiten und auf den Blätterkörper kleben.

3 Den Mund mit Filzstift aufmalen. Eine getrocknete Beere als Nase und ein Pfefferkorn als Auge aufkleben. Den Igel mit Zweigen, Hagebutten usw. verzieren.

4 Auf der Rückseite Nylonfaden oder Silberdraht mit Klebefilm fixieren. Kastanien, Zapfen, Eicheln, kleine Äpfel, Fruchthüllen von Bucheckern und getrocknete Beeren am Faden bzw. am Draht festknoten.

5 An der Fensterscheibe einzelne Blätter mit Klebepads rund um die Igel dekorieren.

Vogelhöhle

Material

- Geprägter Tonkarton in Gelb, Orange
- Baumrinde, eventuell mit Astloch, z. B. ca. 30 cm hoch, oben ca. 12 cm breit, unten ca. 22 cm breit
- Getrocknete, gepresste Blätter in verschiedenen Größen, z. B. von Ahorn, Hartriegel
- Früchte der Waldrebe
- Pfefferkörner

Vorlage L

Tipp

Bei der Holzverarbeitung wird die Rinde eines gefällten Baumes nicht verwertet. Deshalb werden die Baumstämme im Wald oder in den Sägewerken entrindet. Wer aufmerksam durch bewirtschafteten Wald geht, findet dort oft solche Rindenstücke. Man kann aber auch in einer Sägerei nachfragen.

1 Die Köpfe und Schnäbel nach der Vorlage aus Tonkarton ausschneiden. Die Schnäbel aufkleben und Pfefferkörner als Augen anbringen.

2 Für die Körper zwei verschieden große Blätter, z. B. vom Ahorn, zusammenkleben. Als Flügel ein kleineres getrocknetes Blatt, z. B. vom Hartriegel, aufkleben. Die Vogelköpfe an der Rückseite befestigen und mit Früchten der Waldrebe verzieren.

Zapfenkinder

Abbildung und Materialangaben Seite 30/31

1 Jeweils eine Haselnuss als Kopf auf den Körper aus Kiefernzapfen kleben. Ein Eichelhütchen mit Stiel und eine Rosskastanien-Fruchthülle (s. Tipp Seite 18) als Kopfbedeckung fixieren. Als Arme Hagebutten anbringen.

2 Für das linke Zapfenkind ein Körbchen basteln: Ein Grashalmstück mit der Klebepistole in ein Eichelhütchen kleben und diesen Henkel am Arm festkleben.

3 Einen Filzstreifen, 13 x 0,8 cm, als Schal umbinden. Das Gesicht mit Acrylfarben aufmalen, die Farben mit einem Zahnstocher auftragen und trocknen lassen.

4 Für die Aufhängung einen Wollfaden um den Hals binden und diesen am Hinterkopf mit der Klebepistole befestigen, damit das Zapfenkind nicht kippen kann. Am Zweig festknoten. Den Zweig mit Ketten aus Kastanien, Fruchthüllen der Lampionblume, Hagebutten und getrockneten Blättern verzieren.

Zapfenkinder

Material

- Getrocknete Zweig mit Flechten
- Kiefernzapfen
- Haselnüsse
- Rosskastanien
- Hagebutten mit Stiel
- Eicheln, Eichelhütchen
- Getrocknete Blätter der Zierkirsche
- Früchte der Waldrebe
- Fruchthüllen der Lampionblume
- Langer Grashalm
- Bastelfilz in Orange, Grün
- Wolle in Orange, Schwarz
- Acrylfarben in Rot, Schwarz
- Zahnstocher

Vorlage M

Anleitung Seite 28

Impressum

in der Verlag Kreuz GmbH
Postfach 80 06 69,
70506 Stuttgart
Freiburg im Breisgau 2007

Printed in Germany
ISBN 978-3-419-56857-6

2. Auflage 2008

Lektorat und Produktion:
Elke Fox, Freiburg

Styling und Fotos:
Christoph Schmotz, Freiburg

Covergestaltung und Layoutentwurf:
Network!, München

Coverrealisierung:
smp, Freiburg

Druck:
Freiburger Graphische Betriebe

E-Mail:
info@christophorus-verlag.de
www.christophorus-verlag.de

Weitere Titel von Ernestine Fittkau

ISBN 978-3-419-56806-4

ISBN 978-3-419-56819-4

ISBN 978-3-419-56847-7

ISBN 978-3-419-56767-8

Kreativ-Service

Sie haben Fragen zu den Büchern und Materialien? Frau Erika Noll ist für Sie da und berät Sie rund um die Themen Basteln und kreatives Hobby. Rufen Sie an! Wir interessieren uns auch für Ihre eigenen Ideen und Anregungen. Schreiben Sie an Frau Noll oder direkt an den Verlag, wir hören gern von Ihnen! Per E-Mail: **mail@kreativ-service.info** oder Tel. **+49 (0) 50 52/91 18 58** | Mo. – Do.: 9.00 – 16.00 Uhr / Fr.: 9.00 – 13.00 Uhr